資料整理‧文／**竹山美奈子**

1967年出生於日本大阪府堺市，現居靜岡縣三島市，畢業於靜岡大學教育系。曾任職於教育類書刊出版社，擔任情報誌的企畫、編輯、撰稿、書籍設計和行銷等職務。因為女兒鈴乃有自閉症伴隨重度智能障礙，在鈴乃開始上學後便辭去了工作。

2016年，自費出版「鈴乃的腦袋瓜」紙芝居（一種將故事內容繪製在紙上，藉此說演故事的表演方式）；2018年，日本岩崎書店以圖畫書的形式出版《鈴乃的腦袋瓜：媽媽代替自閉症（ASD）的鈴乃寫給大家的信》（三木葉苗繪圖／宇野洋太監修，中文版由小熊出版）。目前在各個學校、幼兒園、社會福利機構和書店等舉辦演講活動，說明圖畫書製作的緣起，並促進社會大眾對身心障礙者的理解。

圖／**江頭路子**

1978年出生於日本福岡縣福岡市，現居靜岡縣三島市，畢業於熊本大學教育系。主要創作有《在雨中散步啪嗒啪嗒》、《在燦爛陽光裡散步》、《在秋日天空下散步》、《在雪地上散步》、《在春風裡散步》（講談社／日本全國學校圖書館協會選定圖書）、《汪汪喵喵巴士》（白泉社／第九回MOE繪本書店大賞「爸爸媽媽獎第一名」）、《噗噗啾啾宅急便》、《各式各樣的信》（小學館／日本全國學校圖書館協會選定圖書）、《我想做的各種事情》、《你知道嗎？你知道嗎？》、《我好喜歡你》等。繪圖作品有《我的名字叫葉子》（菅野裕子著／講談社）、《不要戰爭》（谷川俊太郎著／講談社）、《媽媽的祈禱》（武鹿悅子著／岩崎書店）、《還在嗎？還在嗎？》（竹下文子著／白楊社）、《我喜歡小學》（秋元舞伊著／學研）。另外也嘗試雜誌和教科書的插畫工作。個人網站：http://www.tenkiame.com/

監修／**玉井邦夫**

1959年生，四個孩子的父親（長子有唐氏症）。日本大正大學心理社會學部臨床心理學科教授、公益財團法人日本唐氏症協會代表理事。

翻譯／**林劭貞**

兒童文學工作者，從事翻譯與教學研究。喜歡文字，貪戀圖像，人生目標是玩遍各種形式的圖文創作。翻譯作品有《你的一天，足以改變世界》、《經典傳奇故事：孫悟空》、《月球旅行指南：小兔子的月球之旅》、《圖解量詞學習繪本》、《鈴乃的腦袋瓜：媽媽代替自閉症（ASD）的鈴乃寫給大家的信》、《忘東忘西大王》等，以及插畫作品有《魔法湖畔》、《魔法二分之一》、《天鵝的翅膀：楊喚的寫作故事》（以上皆由小熊出版）。

資料協助／小嶋友子、日本靜岡縣伊豆之國市立韮山南小學　　裝幀設計／椎名麻美　　封面題字／小嶋愛

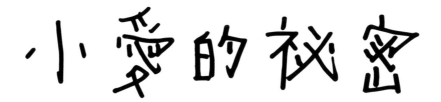

小愛的祕密

媽媽代替唐氏症的小愛寫給大家的信

資料整理／文·竹山美奈子　　圖·江頭路子

監修·玉井邦夫　　翻譯·林劭貞

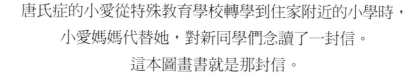

唐氏症的小愛從特殊教育學校轉學到住家附近的小學時，
小愛媽媽代替她，對新同學們念讀了一封信。
這本圖畫書就是那封信。

就小學四年級生而言，小愛的身材有點嬌小，
她有著明顯的雙眼皮，眼角還有一點上揚，
小愛常常說：「我和媽媽長得不像。」

打從出生起，小愛的心臟就有點問題，
才出生一個月，就接受了手術。

不論是走路或說話，小愛都比別人慢。
小學三年級前，小愛在特殊教育學校就讀，慢慢的學習。
雖然學得比大家慢，但也學會了很多事，
現在，轉學到住家附近的小學。

小愛有心臟病，成長遲緩，
這是因為她有一種被稱為「唐氏症」的生理障礙。

常常有小愛的同學提出疑問：
「什麼是障礙？」
「唐氏症是什麼？」
「唐氏症的英文名稱『Down's Syndrome』，
『down』是因為什麼東西降低了嗎？」
雖然有點難懂，
我還是想和大家說說關於小愛身體的祕密。

所謂的「障礙」，是種像疾病一樣麻煩的事，
有時候會讓身體或心理無法正常運作。
疾病或許有藥物可以醫治，
但是，障礙卻無藥可醫。
因為障礙本來就不是用藥物可以醫治的啊！

有障礙的人，做得到的事就自己做，
做不了的事就得靠訓練，
在周遭親友的幫助下盡力而為。

為了可以靈活的運用雙手，
小愛還不到一歲，就開始鍛鍊肌肉。

唐氏症英文名稱裡的「down」這個字，
指的並不是上（up）和下（down）
的「down」喔！

一百多年前，
有位英國醫生注意到
很多人都有和小愛一樣的身體特徵，
他的名字叫「約翰・朗頓・唐
（John Langdon Down）」。
為了紀念這位醫生，
後來這種症候群就被稱為「唐氏症」。

約翰・朗頓・唐

身體的表現是由一種叫做「染色體」的設計圖來決定，
裡面記載了許多關於我們的情報。

我們從爸爸、媽媽那裡遺傳了染色體，
有人說：「我的個子高像爸爸，自然捲像媽媽。」

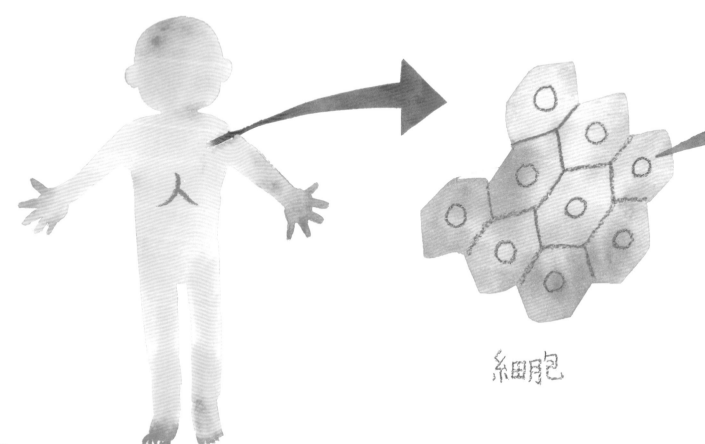

細胞

這些染色體裡的情報，人人都不一樣。
就算是長得很像的兄弟姊妹，
一定也各有擅長或不擅長的事、相似或不相似的地方吧？

而唐氏症的人，他們的染色體數目和大多數人不一樣。

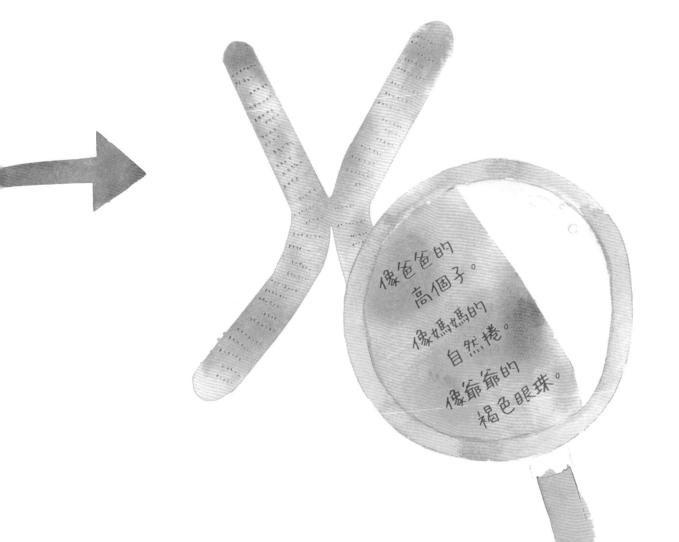

像爸爸的高個子。
像媽媽的自然捲。
像爺爺的褐色眼珠。

染色體兩條兩條構成一對，總共有 23 對。
但是，唐氏症的人的第 21 對染色體，
不知道為什麼，竟然有 3 條！

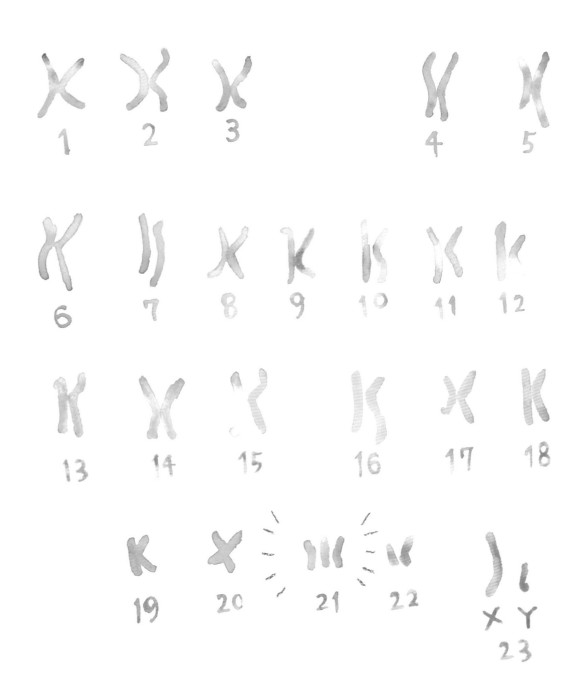

常常有人問：「為什麼唐氏症的人眼角會上揚？」
這是因為他們臉部中央的發展較遲緩，
臉的外側先長大，眼睛被拉扯後，眼角就上揚了。
這很可能是因為第 21 對染色體有 3 條的緣故。
相關的資訊也許都寫在染色體上唷！

唐氏症的人除了長相，還有其他被影響的地方，
他們的心臟、視力不好，有人連聲音也聽不清楚。
肌肉的力量較弱，無法快速移動，容易姿勢不良。

嘴巴周圍的肌肉沒有力氣，說話不清楚。
調節體溫的功能異常，
有時無法正常排汗，有時卻又出汗過多。
他們也比一般人更容易發胖。

每個唐氏症的人多少都有一些像疾病一樣的特徵。

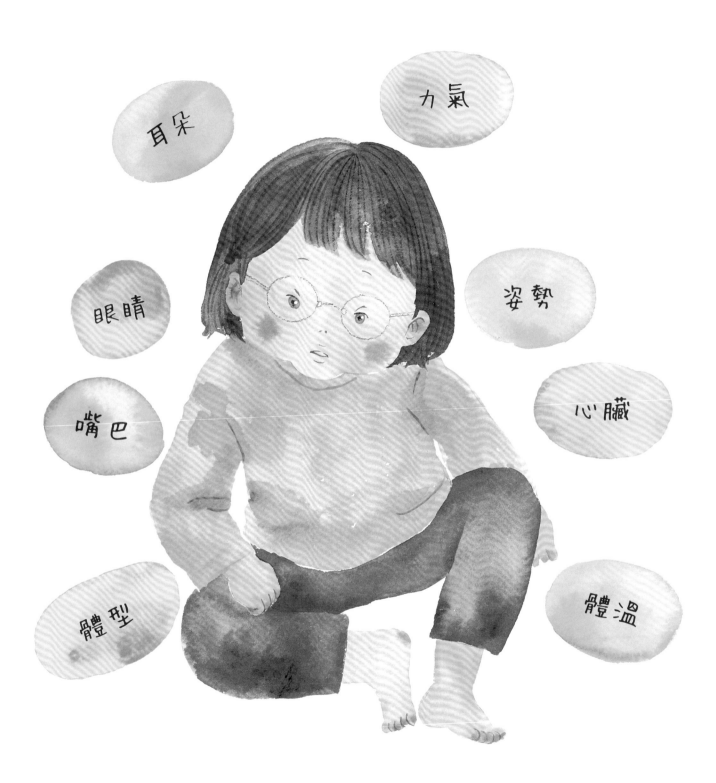

小愛也一樣，因為容易疲累，
稍微玩一下，就必須坐下來休息。
盛夏的炎熱天氣，如果沒有即時讓身體降溫，
身體就無法正常運作。

你們一直玩，也不會輕易感到疲累，
身體覺得熱時會出汗，喝水後身體會自動調節體溫，
這真是美好的一件事！

但是，唐氏症的人會遇到許多困難的事，
必須謹慎面對，慢慢挑戰，
只有這樣，才能做到很多事。

小愛喜歡閱讀，擅長跳舞。
雖然身體小小的，不管做什麼都慢慢的，
但不到最後不會放棄。

在這所新學校裡，
小愛可以透過和你們相處，學會越來越多事，
所以特別轉學來這裡。

小愛三年級時，特殊教育學校的老師建議小愛轉學。
我和小愛爸爸擔心了好一陣子，
「如果在同時有障礙學童和一般學童的學校就讀，
小愛也許能學會更多事。
可是，我們能跟著去嗎？小愛在那裡會不會很寂寞？」

有一天，
小愛自己做了決定⋯⋯

「換一個學校很好啊！我想要轉學。」小愛笑嘻嘻的説。
「附近的學校裡也有幼兒園的朋友，我想再和大家一起上學、一起玩！」

轉學來到這裡後，小愛每天都非常開心。

在之前就讀的特殊教育學校裡，
學生們依據各自的成長狀況學習。
在語文課和數學課中，
小愛利用卡片學習常用的國字和數字。

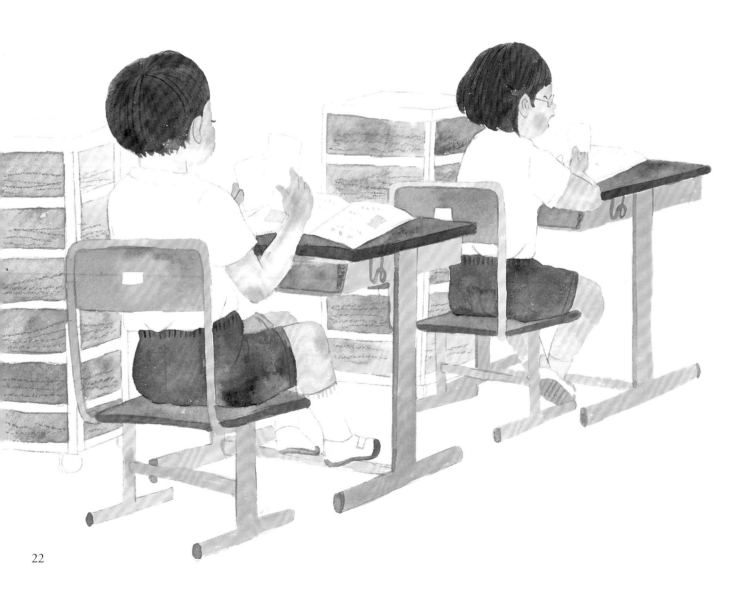

念誦文章
的能力

iPad

算術

加法的
筆算

iPad

筆算

日常生活指導時間裡，為了強化嘴巴周圍的肌肉，
老師讓小愛和同學比賽吹氣球。
這些看起來像在玩樂的課程，是在遊戲中幫助他們鍛鍊與學習。

小愛很喜歡和大家一起上音樂課和體育課。
只要是有音樂課和體育課的日子，
小愛一大早就滿臉笑容。

舉辦接力賽跑的那一天，小愛回家時更開心。
「我幫忙接力也沒問題！」
「我沒有讓接力棒掉地上喔！」

其實一開始，小愛說：
「我沒辦法和大家一樣跑得那麼快，
不能參加接力，否則我們這隊會輸。」

後來，她觀察到大家都在練習傳遞接力棒，
漸漸的，她也想試試看。

上次到公園郊遊，
大家注意到小愛不敢做她原本應該可以做到的事。
不用老師提醒，大家一一從滑梯上溜下來，
看到大家示範後，小愛也鼓起勇氣溜下滑梯。

一下子就感到疲累的小愛，
沒辦法走到公園的長椅，
從滑梯上溜下來後，必須立刻坐下來休息。
你們説：「就坐在這裡吧！」
大家陪小愛坐在地上，對吧？

這所學校裡充滿溫柔可靠的朋友，
能夠轉學到這裡，真是太好了！

有天早上送小愛上學時，有個小朋友對我說：
「我在電視上看到唐氏症的人，
雖然覺得他們和小愛很像，
但是小愛笑起來，和媽媽更像！」

小愛總是悶悶不樂的說：
「我的眼角上揚，和媽媽不像……」
你們說她像媽媽，真是太好了！

用心和小愛交朋友的你們，謝謝！
將來小愛還有很多事情要麻煩你們，
從今以後，請多多照顧。

附錄 唐氏症的主要特徵

此處延續書中內容，以小愛為例，進一步介紹唐氏症的主要特徵。

小愛是家中老么，有一個哥哥和一個姊姊。小愛有中度智能障礙，出生一個月後就接受心臟手術，此後定期接受心臟檢查；目前就讀小學五年級，每天精神飽滿的前往當地小學就讀。

嬰兒剛出生時，若醫生診斷有唐氏症的可能，會在一出生、出生幾天時，以及出生一個月後安排多次健康檢查，進一步確認並告知父母診斷的結果。小愛媽媽過去是位藥劑師，具有一定程度的醫學知識，在小愛出生時，即便醫生尚未做最終的判斷，她就確定小愛應該真的有唐氏症。但是，她從來沒有為此掉過眼淚。

小愛媽媽曾有痛失愛兒的經驗。在懷第三胎時（懷小愛前），胎兒被檢查出有先天的疾病，出生不久後就不幸夭折。在懷小愛時，媽媽主動詢問醫生：「我的孩子有唐氏症，對吧？就算如此，只要他能活下去就好。如果心臟有任何疾病，希望可以及早治療。」小愛已經升上小學五年級，媽媽說：「雖然有唐氏症，但能夠把小愛順利生下來，真是太好了！我們每天都很快樂的生活著。」

唐氏症者的心臟疾病、肌肉力量、智能障礙的程度，以及其他特徵都會因人而異，這裡所記載的唐氏症特徵，是採訪小愛媽媽後，整理出有關小愛的案例資訊。十分慶幸現在已經有辦法在胎兒出生前便進行唐氏症的診斷，更有很多方法可以幫助大眾了解唐氏症。

p.2~3

- 唐氏症者的外觀具有明顯特徵，例如身材矮小、豐滿肥胖、眼角上揚、深雙眼皮和臉部扁平。
- 唐氏症者伴隨著程度不一的智能障礙，心臟、眼睛或耳朵方面的疾病，以及肌肉虛弱、頸椎構造脆弱等身體特徵，日常生活需特別照料。以上這些疾病的嚴重程度因人而異。
- 由於智能障礙和其他疾病的程度差異，有些唐氏症者可以就讀常態班級，有些則需就讀特殊資源班或特殊教育學校。

p.4~5

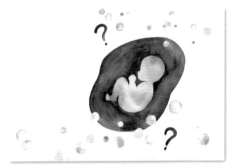

- 唐氏症者在幼兒時期，例如走路、吃飯、換衣服等的成長，都比一般幼兒發展的情況遲緩數個月甚至數年，發展順序也不盡相同。
- 唐氏症者顯著的外觀，常因受到旁人異樣的眼光，使其與家人的內心受到傷害。希望有越來越多人獲得唐氏症的正確知識，從而理解並與之相處。

p. 6~7

- 伴隨唐氏症的心臟病或其他疾病，雖然可服用藥物治療，但因為唐氏症並無法治癒，仍需透過職能治療、物理治療、心理治療和護理等方法，來學習必備的生活能力。
- 唐氏症者的肌肉軟弱無力，在幼兒時期加強特別的體操訓練等，才能進一步練習需要高度手部操作的任務。

p. 8~9

- 看到唐氏症英文名稱「Down's Syndrome」裡的「down」，有些人會認為是因為某些事情變得低下（down），而擔心這會給唐氏症者和其家人標記負面形象。其實，很多症候群都是以它的發現者或提出相關報告的醫生名字而命名，唐氏症就是其中一個例子。
- 唐氏症者的第21組染色體有三個，又被稱為「第21號染色體三體症」，聯合國因此將三月二十一日訂為「世界唐氏症日」。

p. 10~11

- 唐氏症源自染色體異常，有可能發生在任何一個新生兒身上，平均約每700至1000個出生的嬰兒中會有一個唐氏症兒。兄弟姊妹中同樣都是唐氏症者的情況雖然也有，但自然發生率仍舊相同，機率並沒有特別高。

p. 12~13

- 九成以上的唐氏症者屬於「三染色體症（Trisomy 21，第21組染色體有三個）」，少部分是因為第21號染色體結構上發生缺陷斷裂而轉移誤接到其他染色體上的「轉位型」（Translocation），以及只有某些細胞的染色體套數出現異常的「鑲嵌型」（Mosaicism）。「轉位型」有一半機率是父母其中一方帶有遺傳性轉位染色體，不過這樣的變異染色體並不一定會遺傳。不論是出生就有唐氏症、其他障礙，或帶有變異遺傳因子，都不是任何人的錯，這有可能發生在任何人的身上。

p. 14~15

- 唐氏症者容易感到疲累，不論做什麼事中途都會變得無精打采，行動緩慢、沒有辦法清楚的表達，這些都會使他們容易成為被霸凌的對象。如果唐氏症者從幼年期就開始和其他孩子一起學習成長，會讓更多人清楚理解並同理那些伴隨唐氏症的身體特徵，這將是件值得欣喜的事。

p. 16~17

- 唐氏症者無法正常調節體溫，有時流不出汗，有時卻又大量流汗，加上四肢容易冰冷，所以必須特別留意周遭環境的氣溫和溼度。盛夏時，小愛若不能即時讓身體降溫，就算是平常能做到的事，也有可能做不到。如果一個人天生無法調節體溫，那麼冷氣和暖氣等空調就不是奢侈品，而是不可或缺的考慮因素。

p. 18~19

- 唐氏症的孩子常被稱為小天使，但也有不同程度的性格障礙，有的很直率，有的很頑固。有些唐氏症者伴隨著自閉症，對於情感的感受強烈或過度敏感。唐氏症者具有各種不同的性格與行為模式，這點和一般人無異。

p. 20~21

- 唐氏症孩童具有中度至重度的智能障礙，若同時有身體上的障礙，大多會建議至特殊教育學校就讀。不過，可根據其自立程度和性格並配合成長狀況，轉學到一般學校的特殊資源班。務必以孩子的獨立自主和情緒安定為優先考量，選擇一個讓他感到舒適自在且快樂的地方。

p. 22～23

- 特殊教育就像職能治療一樣，著重讓孩子在遊戲中鍛鍊肌肉的力量，並納入社交發展等課題。在保持個人學習動機的同時，發展其他能力。因為小愛很喜歡卡片類的遊戲，所以在語文課或數學課時，老師都會運用卡片來設計遊戲，讓她快樂又有效率的學習。

p. 24～25

- 唐氏症者理解事物的速度緩慢，但許多孩子都很擅長模仿，透過與一般孩子的相處，可以幫助唐氏症孩童學會很多事。
- 與一般孩子一同學習與活動，也可以讓唐氏症者體會到「如何和那些與我不一樣的人交朋友？」藉由這些機會培養觀察力和想像力，以及解決問題的能力。

p. 26～27

- 在小愛轉學兩個月之後，我採訪了小愛的媽媽，聽到小愛媽媽陳述的故事，我著實對孩子們自主且靈活的反應能力感到驚訝。即使是在父母的陪同下去郊遊，父母和老師也沒有特別說明，孩子們卻知道小愛不擅長哪些事、做哪些事容易感到疲累，並根據他們自己的判斷而採取行動。

p. 28～29

- 小愛的朋友注意到「小愛雖然看起來和那些唐氏症者很像，但也和媽媽很像」。這些孩子說的不是「唐氏症的小愛」，而是「小愛有唐氏症」，這兩者是有區別的；換句話說，這些孩子是不是意識到「唐氏症只是小愛的一部分特徵」呢？
- 我認為孩子們的觀察力、想像力、體貼能力與行動力，正是融合教育中「正常化（normalization）」的基礎。

關於小愛日常學習的教材

文·小嶋友子（小愛的媽媽）

就讀日本靜岡縣伊豆之國市立小學的四年級學生，在第二學期開始的綜合學習課裡必須學習社會福利的相關知識，課程內容包括汽車座椅的使用經驗、手語、點字板、導盲犬等。在認識關於身體和視聽覺障礙時，若能讓學生親眼看到與體驗，便能提升他們的理解程度，老師的教學也會更順利。

然而，發展障礙或唐氏症等症狀較難透過單方面的觀察來理解。我一直在思考「可以用什麼樣的方式讓學生們更加了解這些不同的障礙？」我提出「可以和同學們談談小愛的唐氏症嗎？」不僅為了小愛，也是為了所有同學。在校長、班級導師、四年級其他老師和特殊資源班老師同意下，我得到了這個機會。

「我希望做出一本像《鈴乃的腦袋瓜：媽媽代替自閉症（ASD）的鈴乃寫給大家的信》（中文版由小熊出版）的圖畫書，讓學生們在課堂上閱讀，並學習有關小愛的唐氏症。」在和作者竹山美奈子相談後，這本書的前身——幻燈片圖畫書《唐先生發現了小愛的祕密》就這樣誕生了。

2018年11月6日，為了伊豆之國市立韮山南小學四年級學生規畫的社會福利課程中，我們閱讀了這本幻燈片圖畫書，並讓學生們親身體驗了書中提到的「小愛的說話困難和手部動作困難」。

學生們兩人一組，其中一人把一大塊冰塊放進嘴巴，再試著說出字詞，另一人必須聽出他說的是什麼。嘴巴含著冰塊的學生驚訝的發現「根本沒辦法把話說清楚」，而另一人則是努力想要聽出是哪些字詞，不斷喊著「再說一次！」

課程一開始，由老師念讀幻燈片圖畫書《唐先生發現了小愛的祕密》。

學生兩人一組，一人嘴裡含著冰塊說出字詞，另一人試著聽出「他說的是什麼？」

另一個活動是戴著工作手套摺紙和把小珠子放進瓶子裡。學生們發現手指沒辦法如他們所願的自由活動後說：「咦？如果戴著工作手套，就算只是摺一張紙也好困難。」

左圖：學生戴著工作手套摺紙。
右圖：學生戴著工作手套，嘗試把
小珠子裝進瓶子裡。

「啊！小珠子掉出來了。」

他們手忙腳亂的試著把小珠子放進瓶子。

「小愛真是不容易！她一定盡最大的努力了。」學生們對此有了感悟。

課程結束後，小愛的笑容越來越多了，並不是小愛有所改變，而是她周圍的朋友們漸漸有了改變。

小愛無法清晰的表達，有時連身為母親的我也聽不清楚她說的話。因為手部肌肉沒有力氣，換衣服、穿鞋子的動作很慢，不僅趕不上大家的速度，還常常必須讓大家停下等待。社會福利課程讓孩子們理解了原因和狀態，體驗了與小愛類似的困難，下課後，「我動作慢，你先去玩。我待會兒再去。」這樣的對話自然而然的出現了。

「好的！我會在秋千那裡等你，待會兒要來喔！」

「每個人都可以按照自己的步調遊戲和玩耍。」這樣的想法默默的在孩子們心中發酵，當他們沒有了先入為主的觀念和偏見後，就能更順利的接納小愛。

放學之後，小愛常常到常態班級的同學家裡玩，度過快樂的時光。我以前從來不敢想像「小愛能和住家附近小學的同學一起做功課」。小愛的學習內容比實際學年低了一至兩個年級，她的同學都會教她做作業。

這股理解的風氣擴散到四年級全體學生。不只是小愛，還可以見到特殊資源班的孩子與常態班級的孩子開心玩耍的景象，不論是老師或父母，都對這樣的變化感到訝異。這種微小卻美好的影響，如果可以擴散到其他年級或是更多地方，將會是一件值得欣慰的事。

最後，感謝作者竹山美奈子經過多次採訪，將我的想法轉換成孩子易懂的故事；感謝繪者江頭路子運用畫筆精采呈現唐氏症寶寶可愛柔美的特徵；感謝靜岡縣伊豆之國市立韮山南小學的老師們讓我有機會將小愛的日常生活轉化成社會福利課程的教材；感謝四年級的孩子們認真聆聽故事並參與體驗，真的非常感謝大家！謝謝你們！

如果「一樣」，令人高興；如果「不一樣」，也很開心　文·竹山美奈子（作者）

　　小愛是位有唐氏症的小女孩，她和我的女兒——《鈴乃的腦袋瓜：媽媽代替自閉症（ASD）的鈴乃寫給大家的信》這本圖畫書的主人翁鈴乃就讀同一所療育幼兒園（每周上學兩天）和特殊教育學校，小愛比鈴乃大一歲。

　　這本圖畫書起源於小愛媽媽（小嶋友子）對我說：「我想做一本像《鈴乃的腦袋瓜》這樣的圖畫書，讓孩子也能夠了解唐氏症。我希望能在小愛的學校裡念讀，你能幫我撰寫文字嗎？」我們在相談後，決定一同創作。

　　我在採訪時得知，雖然媒體上常有機會聽聞唐氏症的相關訊息，但大多只能獲知唐氏症者的外觀特徵。小愛和鈴乃就讀的特殊教育學校裡也有唐氏症學童，當我認識他們之後，更常常感到自己對唐氏症的了解實在有限，「唐氏症兒童的困難是什麼？」、「他們需要什麼樣的幫助？」、「要如何和他們互動相處？」

　　我和小愛媽媽不斷討論她想傳達的觀念，「關於唐氏症，你希望大家知道的是什麼？你希望獲得什麼樣的幫助？」小愛媽媽立刻說：「唐氏症者具有肌力虛弱之類的特徵，他們的動作比一般人遲緩許多，必須很慢很慢的才能把事情做完，我希望周圍的人可以對他們有多一點的耐心與等待。」因此，我決定透過這本書讓大家明白「為什麼唐氏症者的動作會這麼慢呢？」

　　我在採訪時另外還想傳達一個觀念——唐氏症的外觀特徵和名稱，以及唐氏症者本人和家人的痛苦。「為什麼唐氏症者的眼角總是這樣往上揚？」、「唐氏症者的臉為什麼都長得一樣？」、「唐氏症的英文名稱『Down's Syndrome』裡有個『down』字，究竟是什麼部

分低下了呢？」這些聽起來天真、沒有惡意的話語，其實常常帶給唐氏症本人和家人痛苦。

　　具有障礙的人在身體和心理方面有許多困難和不便，每天都得重複訓練與不斷努力。除此之外，來自社會的眼光和言語，也會造成他們很大的精神壓力，真的非常不容易。

　　所以，讓大家知道「唐氏症的發生原因＝小愛的祕密」，不用在意外觀上的差異，不是很好嗎？一旦大家理解造成唐氏症的原因後，便能明白每個人的身體天生就不盡相同。換句話說，我希望能讓讀者注意到，每個人的身體裡都藏著「祕密（神祕的生理機制）」，知道自己與他人具有不同的特性，進而好好的接納和照顧彼此。因此，即使對年紀較小的孩子來說有點困難，我還是詳細說明了染色體。

　　孩子對艱深的概念同樣具有強烈的好奇心和豐富的感受性，這個時期雖然無法立刻了解，但若能在成長過程中一遍又一遍的閱讀，依舊有機會增進不同程度的理解。有了更多的認識後，就知道該如何和唐氏症者相處與互動，在我先前的作品《鈴乃的腦袋瓜》中，我深刻感受到這一點，所以我相信這樣的概念一定可以傳播出去。

　　最後，我想送一句話給大家，提醒你我「這世間存在著與自己不同的生命，而我們必須與這些『異己』和平共存」。

　　如果「一樣」，令人高興；如果「不一樣」，也很開心。

　　這是鈴乃和小愛的同學們教會我的事。

　　成為大人之後，我們常常對想法和行動與我們不同的人施加壓力，反觀孩子們的想法卻是「我喜歡某某某，他和我一樣！」、「我是

這樣，某某某是那樣，好有趣喔！」孩子們的這種感受，說明了他們能夠接納與自己有所差異的其他人，即使這種差異，是被稱為「障礙」的巨大差異。

在長大成人的過程中，我們可能會因為自己與他人不同而感到苦惱，甚至到了心力交瘁的程度，這樣的心情當然也可能有消失或淡化的時候。儘管如此，我還是想把曾經感受到的心情寫出來，希望這個故事可以留在孩子們以及所有讀者的心中。

障礙，是孩子的特質和侷限；障礙，也可能是你我的一部分

文・林正俠（唐氏症基金會董事長）

我一直在思考，身為一個唐寶寶的父親，我是否有像本書的作者一般，可以代替自己的女兒發聲？可以或應該說什麼，讓大家更能理解他們的限制與努力？抑或再做些什麼，讓這個社會環境可以更加友善，讓所有的孩子都可以自在生活，無論他們是不是唐寶寶。

我的女兒今年27歲，與小愛一樣，從小有先天性心臟病，需要接受心臟手術；有智能發展上的限制，她努力接受早期療育，認真復健；有學習上的困難，所以一路在特教體系中就學，如今她在唐氏症基金會的「愛不囉嗦庇護工場」工作，為自己的生活努力。做為家長，我常常想女兒在這樣一個保護性的環境中成長，究竟是好還是不好？如果她有機會融入一般的學習環境，在一般的學校就讀，她是否可以有更多朋友？生活得更快樂？

我相信每一位家長都期待自己的孩子可以更接近「正常」一點，能更「好」一點，只要有機會，我們都期待孩子可以像小愛一樣轉學到一般小學就讀，但我也相信許多家長十分卻步，因為擔心一般小學的老師和同學不能接納

我們的孩子，也不知如何讓他們理解我們的孩子。我很感謝這本書的作者，她用簡單的概念和筆觸說出了許多家長的心聲，傳遞了淺顯易懂的知識，更點出了想要告訴社會大眾的核心概念「障礙，只是一種特質」。這本書可以是學校老師教學的好素材，也可以是家長用來說給其他手足聽的親子圖畫書，更是社會大眾認識唐寶寶的入門磚。

給想認識唐寶寶的你：

每個人都有自己的優勢，也有自己的侷限，唐寶寶也是一樣。面對這群動作有點慢、說話有點不清楚、個性有點固執、卻總是帶著笑容的他們，請你就和小愛的同學一樣，盡情打開你的觀察力、想像力和體貼，多一點點的等待與耐心，你會發現唐寶寶們的樂天和單純，他們會是你最真摯的朋友和同伴！

給有唐寶寶的爸爸媽媽和手足們：

唐氏症所帶來的發展影響是全面性的、也是全生涯的，家有唐氏症孩子的辛苦是你我都

37

深刻體認的。然而欣喜的是，這個社會環境多數的人是友善的、是支持我們的。社會對唐氏症的理解在改變，政府也透過許多制度發展出各種不同的支持措施，我們也結合自己的力量，成立各種家長團體組織，參與各種服務模式的經營，我們不會只有一個人，我們一直都是一群人！

改變社會大眾對唐氏症者的觀念並非一朝一夕，透過不同方式的倡議和對話，如同《小愛的祕密》的出版，都是我們可以持續努力的目標。女兒的「障礙」給了我一個學習的機會，讓我驚覺該停下腳步，等待她慢慢長大；該放慢速度，以配合她的肌張力不全，即使我有時還是會忘記。女兒的「障礙」也給了我一個反省的機會，她讓我不斷反思什麼叫做「我的女兒有唐氏症，而不是我有一個唐氏症的女兒」，即使我已經陪著她走了27年，我仍然還在學習。

期待閱讀過本書的每一位朋友，都能更認識唐寶寶，願意成為唐寶寶的支持者，成為這些孩子成長過程裡不倒的力量！